雨弦詩選

落實生活的詩人

——從雨弦詩品的特質談起

李冰

從《夫妻樹》、《母親的手》、《影子》到《籠中無鳥》、《出境》、《蘋果之傷》，雨弦每部詩集的出版，都會激起詩壇的重視，受到讀者的肯定，而這部《雨弦詩選》的出版，我們除向作者祝福外，也希望它能開展詩創作的另一片天空。

中國的新詩壇，自「五四」的白話詩演繹到現在，歷經各不同詩派的爭執界定，雖然在「新詩」的統一下有趨向殊途同歸的喜悅，但在創作技巧與表現方面仍存有芥蒂，有不同的理念與詮釋、晦澀與明朗各立旗幟，孰是孰非，難以論定，但我則認爲詩的自我意識的表現無庸置疑，求新求變亦係自然趨勢，但詩品必須要能穿越時空，經得起歷史的考驗，才能眞正立足「文學」。今讀雨弦的《雨弦詩選》，猝然又找到新的答案，那就是詩除了創造中求新求變外，能夠貼近讀者的厥爲口語化的結構技巧，正如艾略特所說：「詩的每次革命，都要回歸口語化」。

在中西文學的發展史中，詩一直是尖兵、是領路燈，而詩創作的技巧亦巨細靡遺，高於其他作品，但我讀詩喜從知情意三方面著眼：知者思想之開拓；情者感情之抒發；意者想像之時空，此三者兼顧而成詩，自必有創造性、新穎感，亦必有深邃意境的湧現，而詩情亦必更加濃郁，欣賞雨弦的詩，不難發現其在這方面的展現，試從「燭」這首詩（卷二），看其在思想方面的呈現：

焚血
煮淚
把黑暗燒出
一個傷口
遁逃

埋首於此，也
焚血，也煮淚，直至

那一道傷口
縫合

從這首詩中，可以清晰透視其「大愛」的思想，「燃燒自己，照亮別人」、「蠟炬成灰淚始乾」，這是先代詩人對燭的讚頌，而作者拋棄了傳統的表現方式，以常用語詞「把黑暗燒出一個傷口」—光的呈現，到「直至把一道傷口縫合」—自我犧牲，在通俗中同樣表現了愛的思想，而且意象生動而鮮明。

情感是詩的靈魂，一首詩是一個生命，生命失去靈魂則必成爲標本，無能感動讀者，故白居易有云：「感人之心者，莫先乎情」，現在再從「奶奶的洗衣板」（卷三）觀其感情的抒發：

奶奶的洗衣板
像他自己的臉
歷盡滄桑的樣子
祗是我不懂
爲什麼板上的縐紋

愈來愈模糊
而奶奶臉上的皺紋
卻愈來愈深

這雖然是首童詩，但情感濃得化不開。看到洗衣板，想到奶奶操勞的一生，想到奶奶生命的奔波，想到人一生活著的積極意義，字字句句都是情感的結晶，海明威曾說：「感人的描寫，是訴諸作者的情感，而文字衹是表現工具而已」，從這首詩中，不難看到作者表達情感的功力，以一塊洗衣板代表傳統，呈現上一代愛的犧牲，讀來眞是扣人心弦，撩人低迴。

意的想像概括聯想，想像是從無知到經驗的一條捷徑，從無到有的擷取；而詩沒有地緣，沒有國界，它置身於宇宙的大千世界，如果僅憑自己的有限經驗不足以成詩，故詩人必須以想像來滲透時空、創造無遠弗屆的意象，現在我們再欣賞「中國結」（卷二）這首詩：

我把心事
編織成一條龍
唱出了
我們
不能再是
一
盤
散
沙

從一個小小的中國結，聯想到我們社會的不團結，想像到一盤散沙中養不活這條龍，以「不能」二字來詮釋應該怎麼做？不但隻字千字用，也發揮了高度的想像力。全詩僅二十三個字，從「一條龍」到「一盤散沙」道盡中華國脈興衰的癥結，也開出圖存的藥貼，實令人拍案叫絕。

以上列三首詩詮釋雨弦詩創作的技巧與表現似還難以蓋全，因爲知情意三者僅爲詩的質素，而雨弦的詩之所以耐看，經得其考驗，主要是口語化文字工具的運用，俗而不俗，凡而不凡，從雅俗共賞中展露出清新鮮明的意象，一句普通的語詞，卻能灑脫得新穎有緻，充滿了趣味性的詩情，如「有了」這首作品（卷二）：

那天
妻對我說　有了
我看了看
我撫了撫
我聽了聽
我笑了笑
什麼也沒說

我想了又想
她是個不懂詩書的
肚裡那來的墨水

那來的眞才實學
那來的內在美

有了
終於我對自己說

這首詩意象單純，所用的亦均爲俗字俗句，在語詞結構上更順其自然，沒有刻意的淨化與雕塑，可是當你看完這首詩後，又不能不讚嘆其創造性、新穎感、內涵美與趣味性，我認爲這種作品不但能普及一般讀者欣賞，亦能穿越歷史，經得起時空考驗，如不具創作火候，實難創作出這種雅俗共賞的境界。

雨弦出身台灣鄉村，泥土塑造成樸實的特質，不虛僞、不造作。他在工作上又歷經不同職務，從地政處小科員、職訓中心課長、勞工局股長、殯葬管理所所長、仁愛之家主任，到廣播電台台長，他的經歷可謂多彩多姿，他知道一盞燈是怎樣點亮，燭光又是怎樣滅熄，人生百相、世態炎涼、風風雨雨、生生滅滅的生活都堆集在胸懷，這種唯他獨享的豐富人生，給了他培養愛的思想、濃郁的情感、以及想像的空間，這些也都是他詩的題材、以及作品成功的要素。

《雨弦詩選》出版索序，不知寫點什麼好，我想還是談談作者的作品較爲落實，是不？

李 冰 謹識

一九九九年農曆年除夕前夕

自序

一九六五年深秋，我，一個十六歲的小男孩，思念著「指腹爲婚」的未婚妻，因而寫下了生平第一首新詩——遙寄，只是長大後並未與「她」走向紅地毯的那一端，反而與詩結下了不解之緣。

詩，紀錄了我的生命，是我最寶貝的文化資產。

因此，詩集一本一本地出版，如今，詩選也即將問世。

本書分三卷，九十五首作品。卷一萌芽集，六首，一九七三到七四年的作品，其實，六五到六七年的習作已經不少，發表的也有數十首，只可惜剪貼簿遺失了，奈何！而一九七五到八〇年是沈寂的，那時忙於婚後與新工作的適應，在生活上是較爲忙碌與不穩定的。卷二花開集，創作於一九八一到九八年，是本書的精華篇，此一時期也是我創作的豐收季，從二百多首作品中選入八十首，這些作品大都已收入「夫妻樹」、「母親的手」、「影子」、「籠中無鳥」、「出境」、「蘋果之傷」等詩集。卷三花絮集，選入童詩九首，是我在現代詩創作之餘的另一個收穫。

寫詩多年，生活的、抒情的、純樸自然的短詩一直是我的最愛，當然，我並不排斥不同風格的詩或詩人，詩的天空是應該更寬闊、更開放的。

廿一世紀即將到來，我說過：「廿一世紀將是一個詩的世紀。」詩人們！讓我們準備迎接詩的世紀的到來吧！

雨弦　謹識

一九九九年母親節

目錄

卷一　萌芽集

卷二　花開集

卷三　花絮集

卷一

萌芽集

秋

風在林中飛馳
你在風中歌唱
歌唱風也
歌唱林

你既非玫瑰也
非松柏
乃相思無限的
蘆葦

一九七三年

小河之歌

蛇　向我昂首吐舌而來
吐舌而來的是
愛的
小語

來　躺下吧
美麗的裸婦　仰臉
玩　風　弄　雲
躺下吧　深陷的腹
不住地蠕動

而我　非蛇　非裸婦
乃一行走江湖的
歌手

一九七三年

風景問題

我說
B Y E　B Y E

兩岸的風景
就這般莫名地
在我瞳中追逐起來

其實，誰也無法辨認
誰先挑釁，誰勝誰負
這都無關緊要

問題乃在於
我何以要說
那一聲非說不可的
ＢＹＥ　ＢＹＥ

一九七三年

水中月

曾經　我的一隻眼
在一面粧鏡前
凝視一朵荷花

而今夕我所見的
是一張蒼白的臉
在變形了的鏡中
扭曲著

偶然迸出一句
這是人間

不是天上

一九七四年

戀歌

我是一輪月
潛入你心的湖底
要讓湖上的情侶們瞧見
我是多麼幸福

我是多麼幸福
春風把我吹拂
星星把我凝視
熟透的蘋果味不時傳來

嗨！湖上的情侶們
你們可瞧見
我是多麼幸福
且聽我唱歌，看我跳舞

我是多麼幸福
春風把我吹拂
星星把我凝視
熟透的蘋果味不時傳來

一九七四年

睡蓮

第一次我目睹
一朵睡蓮，羞澀地
綻放，在水中
聖潔而不可侵犯

第一次，我愛惜一朵花
像愛惜自己
而且眞正懂得
什麼叫愛情

原來，我也是一朵聖潔的
睡蓮，在不眠的夜裡
羞澀地
綻放

一九七四年

卷二　花開集

現代的臉

一張張被畢卡索扭曲了的
臉　跑出了
畫面　變成
一張張木偶的
臉　跑出了
劇台　變成
一張張模特兒的
臉　跑出了
櫥窗

一張張模特兒的
臉　跑出了
櫥窗　變成
一張張木偶的
臉　跑出了
劇台　變成
一張張被畢卡索扭曲了的
臉　跑出了
畫面
聽說這就是現代最流行的
臉

一九八一年三月

捏麵人

信手一捏
捏一個童年的我
捏一景家鄉的山水
再捏一朵古典的悠然

捏一隻鳥
飛回歷史的天空
捏一匹馬
奔回故鄉的馬廄
再捏一個關雲長　一把偃月刀

一位孔夫子　一部春秋

這是五彩繽紛的世界
揑一個成年的我
揑一景都市的山水
再揑一朵現代的茫然

一九八一年六月

盆景的話

小時候
就離鄉背井
來到這有土無地的
院落
仰不見天，俯不及地
總是常被人修剪
且時扭曲成
他們所喜歡的
一種樣子

沒有深植的根
吮水之后
即暗自落淚………

故鄉啊
你在哪裏？

一九八二年一月

裸女

——題畫

且捨棄虛飾的塵衣
回到初啼那種聖潔
那種眞純

讀著妳的冰瑩
讀著妳的嫵媚
讀著妳的豐盈

把秀髮讀成垂柳
把眉睫讀成曉月

把眼睛讀成流水
把乳峰讀成山巒
把臀部讀成水灣
把妳讀成荷花
讀成水仙
讀成一面粧鏡
一塵不染

一九八二年二月

盆景

一輩子
一把泥土就夠了

誰不知
這是一個寸土寸金的世界
祇好將就將就
在這樣一方小屋裏
過它
一輩子

一九八二年三月

燭

焚血
煮淚
把黑暗燒出
一個傷口
遁逃

埋首於此，也
焚血，也煮淚，直至
那一道傷口
縫合

一九八二年三月

挖土機

翻著，翻著
翻開了大地的封面
翻閱著泥土的內頁
是鏗鏘的詩句
還是生命的種子

古典的老詩人
總是搖首晃腦地
一遍又一遍地吻著
芬芳的泥土
一口又一口地掘著

烏臭的街心
時而仰天長嘯
時而低頭吟哦
時而舉起他的鐵筆
向傳統宣戰

現代的我
不甘寂寞
也像老詩人般地
搖首晃腦地翻閱著
大地的書

一九八二年五月

原鄉人
——美濃印象

淡淡的風景濃濃的鄉愁
是菸畦是稻田
是中原的根與土
在這裏生長綿延

濃濃的鄉愁淡淡的風景
是老街的古屋
是平妹多皺的臉
刻著斯土的愛情

荖濃溪是一條唱不完的歌
浣衣女洗不盡一件又一件
鄉愁，我的心情
桐油紙傘般
　旋
轉

一九八二年六月

觀湖亭

無雨，也無陽光
何以你依然撐傘在此
守候一生的
冷

靜靜讀湖
湖也以煙波蒼茫
讀妳
九月了，高處微寒
雲淡風清，而山

總在虛無縹緲間

不見古人，也不見來者
你，就這樣孤高地
守候一生的
冷

一九八二年九月

旗津印象

盈盈一水，劃開了
古典與現代

桃花過渡后
就洗盡繁華
把喧嘩的歷史
寫在對岸

一朵朵風，趕來
看息影后的桃花
妝扮成爲漁女的

模樣

補破網的老人
補著現代的茫然
粗獷的漁郎
可識得紅塵千丈

一九八二年十月

冰心

——獻給李冰老師

所以說
你畢竟是一塊拒絕融化的
冰
以老僧入定的姿態
冷冷地瞪視著
這個變幻無常的
世界

我透視

並且能聽見
那一朵　赤裸的心焰
在你晶瑩剔透的體內
熊熊地
燃燒

一九八二年十一月

牆

人
走進
一幢最豪華最現代的
老死不相往來的
心房

四週皆牆
牆上都張貼著
保持距離
以策安全

牆裏
牆外
都站著
同樣不得其門而入的
孤寂

一九八二年十一月

月之航

佛曰：不可說，不可說
水仙已吐露著芬芳
闔起你的靈魂之窗吧
讓我典麗的小舟
停駐你的湖心
與你的舟會合，重疊
且划出我的槳，與你的槳
會師，然後
任水淹沒，任湖傾斜
任地心失去引力
任我倆雙雙

騰
空
而
去

一九八二年十二月

有了

那天
妻對我說　有了
我看了看
我撫了撫
我聽了聽
我笑了笑
什麼也沒說

我想了又想
她是個不懂詩書的
肚裏那來的墨水

那來的眞才實學
那來的內在美

有了
終於我對自己說

一九八二年十二月

夜

擺脫了戰爭的威脅
遂安全而自由地
回到屬於我倆的
後方

這裏沒有虛僞
沒有噪音
也無任何的壓迫感

縱有戰端興起
也只是上帝交下來的

那一回事罷了
雙方無傷亡

一九八三年一月

城中樹

我是瀕臨絕境的族類
佇足孤冷的街角
望斷喧嘩的城
吸著朋馳冒過來的黑煙
搖以枯黃的手

無人理我

祇身邊的一棟大廈
老是要跟我比

讓我感覺到
永遠矮了一截

一九八三年二月

中國結

我把心事
編織成一條龍
唱出了
我們
不能再是
一
盤
散
沙

一九八三年三月

剪影

其實
你所看到的
祇是我的一面
另一面
在我心裏

同樣地
我所看到的
也祇是你的一面
另一面
在你心裏

一九八三年四月

一條小河

我是
一條小河
穿著
白上衣的
鄉村
黑褲子的
都市
望著
望著綠草裙的山
發愣——

一九八三年四月

小溪

海洋說
我是注定浪蕩江湖的
池塘說
不能流動才悲哀呢

其實，我是很知足的
每天彈著大地的絃
唱著自己的歌
多麼逍遙啊

我又何必去水泄不通的城裏

開什麼「跑天下」呢

一九八三年五月

疚

——給母親的詩

總是五月才想起
在故鄉的你
想起自己
那些成長的歲月
你總是以青春的針線
細細的編織著
我們的幸福
總是五月才想起

你枯樹的容顏
積雪的鬢髮
和空虛的心房

總是五月才想起
你
是我的
母親

一九八三年五月

夫妻樹

——誌錫婚

我們是
姻緣路上
繾綣纏繞的
雌雄同株
為抓住這方鄉土　這座家園
就這樣同沐陽光和
風雨

青春雖已褪色
容顏卻更耐讀
無論喜悅或憂傷
我們的淚水　總是
如膠似漆

傳說　我們沒有年輪
永恆是年輪
我們沒有名字
名字就叫夫妻

一九八三年五月

詩與詩人

1

如果天空無鳥
如果海洋無魚
如果大地無樹
我不知
那是怎樣的一個世界

如果鳥無天空
如果魚無海洋
如果樹無大地

我不知
那是怎樣的一個世界

2

爲你，我要蓋一棟豪華別墅
爲你，我要造一道七彩虹橋
爲你，我要做一桌滿漢全席
爲你，我要買一件貂皮大衣
而你，你這不識趣的傢伙
竟一一回絕，還說
你所要的，祇是
一間陋室
一條小巷

一道便餐
一襲布衣

一九八三年十二月

秋遊澄清湖

那天，你穿著褪色的綠衫
敞開胸臆的山水
向我走來

你說，人一進入中年
難免想起故鄉的容顏
想起少小離家的情景
想起菊桂飄香，於是
我也想起

如果澄清湖再澄清些
如果秋天再秋天些
如果九曲橋能通往江南
如果這湖的名字就叫西湖
你——就是另一種季節了

而難以清澄的恆是
那湖悠悠的
鄉愁

一九八三年十二月

茶道

無所謂烏龍或香片
水仙或鐵觀音
泡壺熱茶
沖沖內心的冷
再來點詩詞古樂的
以爲風雅

聊些什麼呢
就說從茶園回來的夜晚
我就皈依山了

至於什麼浮沉漂泊
蜷曲開放的鳥事
就交給這輕煙薄霧吧

一九八三年十二月

村子裏的路燈

從童年的巨木
到如今的金鋼不壞之身
站在路邊
哪有我坐的份

哈！那有什麼關係
這是我的崗位啊
看著夜歸的旅人
我有說不出的喜悅

祇是，我越來越孤寂
孩子們不來玩耍
大人們不來談天
我是越來越孤寂

一九八四年一月

賦別

在港都的人海裏
兩艘無緣的小舟
一艘來到碼頭
一艘卻已起航

南方是陽光的季節
但你說，南方再多情
卻仍惦念北方的風雨
惦念庭前的桂樹
和河畔的垂柳

於是，你站在一面鏡前
說那是你的心湖
脆弱而忠實
就讓分手成定局

來自那裏，就回到那裏
這是你的哲學
我祇能站在岸上
看你如何
把港都拋棄

一九八四年二月

左營

四門殘垣上盤錯的脈絡
是歷史的根，是長江黃河
在我掌中汨汨東流

蓮池潭是我的眼
倒映著亭塔，倒映著白雲
也倒映著半屏山的悲劇

孔子走出大成殿，喟嘆著
逝者如斯，於是

一株行道樹頹然宣布
把計程車開回
舊城那段踢碎石子的歲月
祇是，我已陌生的手
如何扣及
那長滿銅銹的門環

一九八四年三月

魚語

那會是
外婆家屋簷下的魚乾串嗎

童年已逝，海已遠
掛在眼前的
是被風過、曝過
僵化了的
自己

忽聞背後

有貓的叫聲傳來

一九八四年五月

壁畫

在我家書房的牆壁上
有一幅抽象畫
沒有裱褙
也沒有落款
但我知道
那是上帝的傑作
祂用雨水透背
功力十足
就是敦煌的壁畫
也無可比擬

一九八四年六月

擺渡者

一枝櫓，一張筏
就是你的一生麼

櫓是沒有根的樹
筏是沒有根的萍
你的根在哪裏

渡過了他，又渡過了我
誰來渡你

黃昏了
你的家呢

一九八四年八月

六合夜市

你的名字
總在日落后
十分中國的
亮起

亮起一條星河
啊數不盡的星子
一路游過來
游向不眠的夜裏

好一個雞犬相聞的國度
今夜，就來一道悠然吧
幾碟浪漫，兩杯隨意
並且約好杯底不養金魚

一九八四年十月

悟

也曾想過　是大鵬
飛越萬水千山
也曾夢過　如白駒
馳騁北國草原
如今啊驚覺
一隻綿羊
在人工的牧場
宿命地生活
而奉獻所有

也祇不過是
那麼一點
皮毛

一九八四年十月

情婦

不是水
是比水還要柔的
不是火
是比火還要烈的
不是酒
是比酒還醉人的

我的吉普賽女人啊
水是注定要流浪的
火是注定要燃燒的
酒是注定要醉人的

而妳
注定要成爲我心頭的蔦蘿麼

如是
請輕輕地攀爬，輕輕地纏繞
別讓我窒息了喲

我的吉普賽女人啊

一九八四年十二月

黃道吉日

都選擇這個日子
對面大喜
對面大悲
悲喜之間
僅一條巷道之隔

彼此是鄰居
住在同一條巷道裏
這邊
通向大紅的禮堂

那頭
卻通往黑色的墳場

也是鄰居的我
今天
祇好以右臉
陪笑，而以左臉
哭喪

一九八四年十二月

石頭記

沒有佛堂
沒有梵唱
整日我禪坐路旁
如老僧入定

一個醉漢走來
在我身上撒尿
我默默
我只能默默

一位貴婦走來
炫耀我以珠寶
我默默
我還是默默

赤裸如昔
堅硬如昔
我仍是我
一塊石頭

一九八五年一月

十二樓頂所見

以爲窄窄的電梯
可以通往淨土
沒想到嘈雜依舊
灰黯依然

不愛洗臉的都市
扳著破碎的面孔
覆戴天大的灰帽
仍然無法遮醜
帽徽是亮麗的
但俯視陽光的河流

烏賊卻不時排放煙霧
不遠處的巨人
更大口大口地猛抽雪茄
天線上的灰鴿看了
也無奈地振翅而去

（可憐的鴿子
牠終須歸來）

一九八五年三月

撫松而盤桓

撫松而盤桓的淵明
不復見汝久矣
那天上山採藥
卻見一株長青
傲然而立
說什麼也不肯折腰
祇是拼命地挺直
伸向天空的傲骨
孤寒乃必然
灑脫乃必然

而撫松盤桓的我
卻忘了下山的路
唉！淵明
不復見汝久矣

一九八五年五月

那一夜

——贈韓國女詩人申東春

妳從鴨綠江來
與我的愛河握手
握成什麼呢
姊弟或兄弟都可

在文化中心的晚宴上
妳讀日月潭，我讀妳的眼
妳的眼便美成詩
美成潭，清澈而溫柔

從英雄館到愛河畔
我們共踏輕輕月色
而台灣啤酒
何須邀月成三人

夜已深深
妳北京的夢魘
一再浮現，我不眠的心情
而妳呢
竟以紅腫的眼來回答

後記：申東春出生於鴨綠江畔，小時曾住過北京。

一九八六年六月

母親的手

六月，冷冷的回歸線上
陽光倏爾在半空
斷了絃，我們
便進入一個前所未有的
黑暗時代

我來不及抓住
那雙溫暖的手
上帝說，她已散放盡
所有的光與熱

而此刻，我卻無能
回她絲絲的微溫
只能
緊握那雙結繭而冰冷的
手
在世界之外

一九八六年七月

墓碑

燙金的名字
從大理石跳出
把我的眼擊傷
淚流不止
把我的心擊碎
血泣如注

母親啊
您在何方

一九八六年七月

舊金山的霧

或盤桓山頭
或徘徊港灣
或吻住太平洋
或爬上聖瑪琍教堂
或緊跟流浪漢
或尾隨同性戀者
最後，都來到我的稿紙上
成了一首最美麗的
朦朧

一九八六年八月

看日出

上山來　這長久的等待
祇爲　一瞬間的壯麗

然後　眞眞知道
花　是怎樣開放
草　是怎樣成長
母親　是怎樣用她一生的愛
創造生命的驚喜

一九八八年三月

隨緣

村晚
戲碼裸體觀音
善男信女愛看
七爺八爺也愛看
警長來了
他說他不愛看
神意卻不敢違背
就隨緣吧

一向不惹塵埃的我

想進廟問個究竟
卻爲人潮所阻

一九八八年三月

半屏山

總叫我想起
那個時代
那種樣子
許多蠶爬在桑葉上
啃食著
有人說是半殖民地
有人說是中國
有人噙著淚水
什麼也沒說

歷史不能重演哦
對著青髮漸禿的
自己
我如是說

一九八八年三月

殯儀館

巨大的黑影
籠罩著陰霾的天空
陽光與笑容
是被禁止入境的

禮堂外的花圈們
總是哭喪著臉
而在冷凍室與火葬場之間
有人在泣血，有人在爭吵
有人在忙著拾舍利子

葬儀社的人來過又走了
弔唁的人也回去了
留下一地的
死
寂

一九八八年四月

機上的一夜

我漸漸遠離我的鄉土
在無垠的夜空

星子，妻不眠的眼
讀著我的飛行

好大的臥房喲
容納了多國籍的夢境

醒來的手，推開日昨的黎明（註）
是太平洋上的一朵奇葩

註：國際換日線的關係。

一九八八年五月

萬絃琴

——寫尼加拉瀑布

是誰取來這把絃琴？這把
人間天上的絕響
在縹緲的雲霧中，日日年年
不斷地撩撥著

我傾聽，並且歌唱
曠達如你，磅礴如你
而我，我是瞬間停駐
小小的水鳥小小的

音符，在
萬絃琴上

一九八八年五月

寫給鷺鷥

黃昏時，我行吟澤畔
和我瘦長的影子
看你，這一身雪白的問號
到底想知道什麼

不過，我倒想問你
你究來自何處？欲往何方
是來自楚國嗎
若你回去
請捎回我的問候

給那位行吟澤畔的
三閭大夫

一九八八年六月

無衣可洗

阿公早已不再講
有關古井的故事
阿媽依然不懂
什麼叫革命
祇知現代人的命眞好
早知如此，就該晚幾十年出世
也不必搓搓揉揉
把青春都揉皺了

如今，無衣可洗時
我就把自己的心情

丟進全自動洗衣機洗濯
然後，也像衣服一樣地
晾起

一九八八年七月

夜遊觀音山

觀音睡了沒？

妻說，觀音千眼
睡了也是醒著
我燃香三炷
向滿塘月色
我一跨出門檻
便進入唐朝，乍見
貴妃醒來，明皇醒來
酒歌升起，自水央

燒酒雞也唱和起來（註）
妻說，就奏曲天上宮闕吧
管他生前？身後
還是來時路呢

註：位於南台灣的觀音山，以燒酒雞著名。

一九八八年九月

終站

付完一生的帳
走向不可知的未來

先到冷凍室再說吧
辛苦一輩子
也該歇歇了
突然
一陣騷動驚醒了我
原來是要沐浴、更衣
還眞不習慣呢

不管了，但
請記得
今後我隻身在外
請多爲我添衣物
再淡妝一番
也許，在另一個國度
正有迎新會等著
至於，盤纏
你知道
本是可有可無

一九八九年六月

骨灰罐

火化之后
這一塊　一塊
白色的悲傷
一節　一節
黑色的思念
統統放進
這小小　圓圓
冷冷的大理石罐裏
至於
不成塊不成節的

灰
就讓它化作泥
與大地合一

一九八九年六月

塔的冥想

塔裏有人在嗎？
回答我的是
同樣的回聲

祭台上
花兒枯落了
甕罈裏的靈魂們
是否醒著？

正要轉身離去
寺裏的鐘聲，竟無端地
響起

一九八九年八月

摺扇

友人送來一把
杭州檀香摺扇
我一打開
西湖的山水
便嘩啦嘩啦地
流了過來
我傾聽
一絲絲古風，一縷縷幽香
從遙遠的江南
江南的柳岸

流了過來
我趕緊把摺扇闔起
卻散落了鄉愁滿地

一九八九年九月

出境

持著醫院護照
爸要出國去旅行
一個叫天國的地方
今天黃道吉日
航空站擠滿了人
我們都來送行
而爸已進入他專機
閉目養神
我們哭過，痛快地

哭過，可是
爸依然不肯出來
想起以前種種
爸對我們的好
又任苦澀的淚水
淹沒自己

專機即將啓程
爸，珍重吧
記得去找我媽
等著你們，一起
回到我的夢境裡來

一九九三年六月

影子

雲是水的影子
水是雲的影子
詩是畫的影子
畫是詩的影子
你是我的影子
我是你的影子

影子是影子的影子

一九九三年八月

小小盆景

縱然泥土一撮
只要我們有根

讀你綠意盎然
讀你堅韌挺拔
讀你欣欣向榮
讀你意氣風發
讀你讀成山林
讀成無限，讀成永恆
且進入你的浩瀚裏

聽鳥鳴山幽，松濤雲深
縱然泥土一撮
只要我們有根

一九九四年十月

花開的聲音

從神戶傳來
花開的聲音
在大阪，深深的夜裏

今年春天
一朵北國的櫻花
去到我遙遠的家鄉
盛放，而就在眼前
她的家鄉
也有醉人的芬芳麼

今夜，在異國的夢土上
會是怎樣美麗而又焦急的
心情，等待著
一朵蓓蕾的
綻放

一九九五年七月

京都印象

街道，很長安

遲暮美人走來
歌舞伎走來
老和尚也從唐朝走來
敲響古剎的鐘聲
鴿子們依然入定
老和尚說：喫茶去
而我的銀碗盛雪
老和尚揮了揮毫

那蒼勁的筆法
力透紙背，可讀出
中國的歷史
而奶奶咳嗽不止
御苑寂寂

一九九五年八月

長崎蜻蜓

早上，我的右腳
剛剛抽離廣島
下午，我的左腳卻又跌入
長崎的深淵

戰爭坐此哭誰
半個世紀了
鴿子依然紅著眼
咕咕唱著
和平，和平

一隻蜻蜓飛來
我神經質地舉起攝影機
將之
擊落

一九九五年八月

化粧師

許是鬼比人可親
乃選擇面對死亡
面對一成不變的鬼臉
而人是善變的

在陰冷而潮濕的角落
人寐著，鬼醒著
在寐與醒之間
死亡沒有選擇
而天堂和地獄呢

有沒有選擇
其實，鬼和人一樣可憐
面子總是要的
就最後一次吧
讓我好好地玩你
那張不再善變的
臉

一九九六年四月

詩人和他的情人

整個上午
詩人和他的情人
在他十八樓的家
讀詩
讀藍藍的天空
有鳥飛過

午后，他們穿越時空
回到遠古
讀陶，情人說

何其年輕，何其年輕哪

然後去西子灣
聽海洋學的課
如聽浪濤
藍藍的天空
有鳥飛過

他們泛著小舟
來到「萊茵河」（註）
這裏距愛河最近
一杯伯爵奶茶

一杯檸檬
竟不覺有一碟蛋糕
一起溶入暮色

註：一家 coffee shop 的名字。

一九九六年五月

挽面

用這樣的一根線
挽著奶奶
挽著母親
挽著我

成人之美的古訓
言猶在耳
而飛向天空那根線
切莫讓它斷了喲

一九九六年五月

指腹為婚

——給美雲

聽說在我未出世以前
有一朵雲
在未醒來的天空
等待今世的姻緣

天空醒來
雲醒來
妳我錯身而過
愛在銀河擱淺

而來世呢？妳來不來
誰知道
妳是天上飄忽的雲
還是地上流動的水

一九九六年六月

蝴蝶蘭

如果妳是一隻蝶
我是什麼呢
今夜，莊周來不來
如果妳是一朵花
我是什麼呢
明早，蘭兒開不開
如果，蝶非蝶，花也非花
妳是什麼呢

一九九六年六月

遊清水寺

且讓我進入你的透明裏

來，取一瓢水
一瓢清清的水
心便充滿法喜

啊十一面觀音
看你千手千眼，看你
入定青山，鳥瞰紅塵
多少朝代更迭，繁華落盡
而山仍是山，你仍是你

聽說，春天的櫻花
秋天的楓紅，最美
祈求愛情婚姻
健康財富，都靈
啊十一面觀音，其實
我祇在乎你，在乎你
取一瓢水，一瓢清清的水

一九九六年六月

西湖之晨

潑墨
七月的江南
慢，慢
暈染開來

遠山，近水
我在其中

西子醒來，東坡醒來
從古老的詩句裏

悠悠醒來
而半寐半醒的我
卻一腳跌入
深深的
鄉愁

一九九六年七月

西湖畔龍井村品龍井茶

一路行來，這翡翠的村子
在湖畔
閃閃發亮

無香極香
古井煮出新茶
而新詩句仍沉澱杯底

浮上來的只是
寥寥的

三言
兩語

一九九六年七月

題微雕葫蘆桃花源記

放大鏡下才看得清的紋路
整個桃花源就濃縮成這小小的版圖
那是最迷你最浩瀚的時空了
就把它珍藏在我心的角落吧

而當世界的腳步像救火車一樣馳來
阮琦啊阮琦
葫蘆裡裝滿淵明的山水，以及
無盡的想望

後記：一九九六年七月十七日，路過北京，得阮琦微雕葫蘆一只，上刻淵明桃花源記，甚喜。

一九九六年七月

水洞之歌

入洞

沿著小河而去，我的小舟
載濃濃的鄉愁
這水域窄窄，適於說夢
說一夢五十年
五十年的情人節
我們竟一再錯過

看那鐘乳多美，石筍多俏
兩岸的浮雕多情
愛人，我已歸來

這美麗的源頭
如幻似眞，我們的愛情
如眞似幻
想必五十年的情人節
一再錯過

出洞
我卻仍醉在洞裏
不肯
醒來

後記：一九九六年七月，遊遼寧本溪水洞，飽嚐鐘乳、石筍以及夢幻之美。

一九九六年七月

夢與詩

——懷J

那年深冬
你從泰戈爾的詩裡
走來，攜一罈詩釀的
酒，醉我，深深地
我的繆斯從此醒來
你卻去了新大陸，找尋
另一片詩的天空
而這兒，酒冷了
詩的溫度未減
而夢呢？說你的歸期不遠

酒冷了，詩可以再寫
我的筆尖，可以沾不眠的淚水
而夢呢？你的歸期
到底還有多遠？我的筆尖
可以沾不眠的淚水

一九九六年十二月

磨墨

竟然也是一種
快感

管它越抹越
黑
愛是越來越
濃

不必色彩
我喜歡單純的生活
且任那疼愛我的人

盡情揮灑

親愛的
就讓我長長的一生
一寸　一寸地
短去
無怨　也
無悔

一九九七年五月

蘋果之傷

穿著紅衣裳的蘋果們
在水果店裡
展示美的存在
期待有人來愛

我挑了其中一個
她的姿色迷人
且散發誘人體香
我褪去她的衣裳
卻見遍體鱗傷

我左思右想
終於褪去自己的衣裳
看自己的胴體
不也遍體鱗傷

赤裸裸的我
握著赤裸裸的蘋果
仔細端詳，且輕輕剜去
她的憂傷

一九九七年六月

雨中蓮

五百年前，妳我的相遇
在一個夏日的黃昏
寂靜的小鎮上
雨，梵唱著
空靈而淒美，妳的容顏
慈悲而聖潔
蓮藕在泥中修行
妳在人間，纖纖不染
若我是蓮，必心心相印
若我是蛙，是蜻蜓
必伴每一朶蓮

守著風雨，守著妳
五百年後，若有來生
換我是妳，妳是我
當更能體會
我對妳的愛有多美，多苦
如那容顏，如那蓮心

一九九七年七月

盜墓

佛說：我不入地獄，誰入地獄
況這世界太小
去向地獄移民或許
也是很不錯的
一種方式

然則，今晚去探個路吧
好圓個淘金夢
讓今生痛痛快快
來世誰理它呢

而今夜，月黑風高
神不知鬼不覺的
只是，沒想到
迎面而來的竟是
祖爺爺裂齒狂笑的
兩排
假牙

一九九七年七月

過太麻里

都市的遊子，貪婪地
吸吮著大地的乳房
哺育出的
母親一樣的釋迦，一樣的萱草
閱聽著水藍藍的腹
不住的歌舞，因而
忘了下山的路

一九九七年八月

接生DIY

那天清晨，她把浴室當產房
把馬桶當床
以她的纖纖小手，接生自己

一切來得突然
來不及陣痛就醫
來不及向老公嬌嗔
好好啃他的骨咬他的肉
頑皮的小生命就急急來到這世界

從浴間傳來美麗的初啼
驚醒沉睡中的父親
啊我兒，你卻這般迫不及待
與我見面

胎盤和臍帶一起脫落
孩子，你要學會獨立
這是一個自助的年代
就像母親，在馬桶上
自助，生下了你

一九九七年十月

祭

兩根白燭
垂兩行熱淚
鮮花水果們
卻在供桌上爭吵了起來
再也忍不住的供桌
拔腿就跑

一九九八年四月

銀婚

——給妻

那年妳廿三，我廿四
牽手清冷的禮堂
公證人一聲相愛嗎，印證
我們堅定的愛情

四分之一世紀是漫長還是一晃
血流過、汗淌過
上山下海過
哭過、笑過、鬧過

酸甜苦辣過
一部滄桑史就寫在臉上
寫在心中

而今年，老大廿四，老么廿三
我變老了，妳也是
牽起妳結繭的手
什麼都不必說，我知道
妳願意繼續走下去
直到地老
天荒

一九九八年五月

卷三 花絮集

老榕樹

樹公公眞逗趣
他有好多好長的鬍子
不是黑也不是白
他最喜歡風奶奶
只要她一來
他便忘我地盪著鞦韆
風奶奶走了
樹公公又回到了往日的寂寞

一九八二年一月

奶奶的洗衣板

奶奶的洗衣板
像她自己的臉
歷盡滄桑的樣子
祇是我不懂
爲什麼板上的縐紋
愈來愈模糊
而奶奶臉上的皺紋
卻愈來愈深

一九八三年三月

爸爸的鼾聲

爸爸的鼾聲
像山上的小火車
使我想起美麗的森林

爸爸的鼾聲
總是斷斷續續的
我眞擔心火車會滑下來

咦？爸爸的鼾聲停了
是不是火車到站了

一九八三年十二月

太陽

全世界的人都知道
天空生蛋了
圓圓的亮亮的
天空好喜歡好喜歡
從早到晚
不住地捧玩著

黃昏時
天空陶醉了
一不小心

蛋就掉到海裏去了

一九八三年十二月

糖人

爸爸常對媽媽說
你眞像一個糖人
一天黏到晚
煩不煩

媽媽卻總是笑嘻嘻地說
你一定是一隻大蒼蠅
才會被我黏住呀

一九八五年十一月

看立體電影

蝶兒飛過來，飛過來了
我伸手一捉
捉了個空
魚兒游過來，游過來了
我伸手一抓
抓了個空
哎呀！不得了
這回老虎撲過來了
快逃命呀

一九八六年七月

颱風夜

我把風關在窗外歌唱
風把我關在屋裏看書
咦？停電了
怎麼辦呢
明天老師要考試哪

聽！
收音機的ＤＪ阿姨說了
明天不上課
好棒喔

我又賺到一天啦

一九九八年十月

寫給樹

冬天來了
你卻愈穿愈少
難道不怕冷嗎
夏天，你卻又穿得很多
是不是頭殼壞掉了

一九九八年十二月

音樂枕頭

我有兩個枕頭
一個布做的
一個爸爸的肚子
有時，我和爸爸玩累了
就枕在他的肚子上
軟軟的，很有彈性
還可聽到美妙的音樂
聽著聽著就睡著了

一九九八年十二月

雨弦寫作年表

一九四九　一月六日生於台灣省嘉義縣鹿草鄉重寮村。

一九六五　第一首新詩「遙寄」發表。

一九六六　加入「中國詩社」。創辦「微曦」文藝雜誌。應聘「旭陵詩刊」顧問。發表新詩數十首。

一九六七　發表新詩數十首。父親經商失敗，舉家遷居高雄。

一九七三　退役。任報社記者，五月三十一日，與林秀燕結婚。

一九七四　十月，長子家宏生。十一月，任公務員。

一九七五　十二月，次子德華生。

一九八〇　十二月，調職高雄市政府。

一九八一　重拾詩筆，以筆名雨弦發表作品。

一九八二　加入「腳印詩社」。

一九八三　加入「風箏童詩社」。處女詩集「夫妻樹」出版。

一九八四　任報社編輯。應邀參加「中國現代詩卅年大展」，國立中央圖書館建檔。

一九八五　加入「中華民國新詩學會」。獲全國優秀青年詩人獎。美國出席第八屆世界詩人大會，「國際桂冠詩人協會」頒和平貢獻獎。

一九八六　詩集「夫妻樹」獲高雄市第五屆文藝獎詩類首獎。出席第一屆國際詩人大會。母親辭世。獲宏揚國際文化獎。

一九八七　出席第七屆中韓作家會議。

一九八九　升任高雄市殯葬管理所所長。詩集「母親的手」出版。

一九九一　高雄市中正文化中心列建檔作家。

一九九二　調高雄市仁愛之家主任。「盆景的話」、「燭」、「擺渡者」入選韓國「現代世界代表詩人選集」。

一九九三　父親辭世。習書法、油畫。與王廷俊詩書畫雙人展。與吳瓊華、許清連詩書畫三人展。

一九九四　擔任第十五屆世界詩人大會籌備委員。參加世界詩人詩書畫聯展。詩集「影子」出版。獲全國詩運獎。與吳瓊華油畫聯展。

一九九六　獲軍管區司令部頒推展文藝績優榮譽狀。詩集「籠中無鳥」及詩畫集

一九九七　「舊愛新歡」出版。東北大學、北京大學出席兩岸學術研討會。

詩集「出境」出版。

一九九八　任「大海洋詩社」副社長。詩集「蘋果之傷」出版。調高雄廣播電台台長。當選高雄市中國文藝協會（前身中國文藝協會南部分會）第一屆理事長。

一九九九　出席「兩岸文學研討會」。第一次詩畫個展。「雨弦詩選」出版。

雨弦詩選 / 雨弦著. -- 初版. -- 臺北市：文史哲，
民 88
面 ； 公分. -- (文史哲詩叢 ；33)
ISBN 957-549-197-1 (平裝)

851.486　　88003209

文史哲詩叢 ㉝

雨弦詩選

著　　者：雨　弦
封面設計：張　秀　蘭
出 版 者：文史哲出版社
登記證字號：行政院新聞局版臺業字五三三七號
發 行 人：彭　正　雄
發 行 所：文史哲出版社
印 刷 者：文史哲出版社
臺北市羅斯福路一段七十二巷四號
郵政劃撥帳號：一六一八〇一七五
電話 886-2-23511028・傳眞 886-2-23965656

實價新臺幣二四〇元

中華民國八十八年五月初版

高雄市文化基金會獎助出版

ISBN 957-549-197-1